André CHENAL

Les Chants de la Forêt

Forêt silencieuse, aimable solitude,
Que j'aime à parcourir votre ombrage éploré.
CHATEAUBRIAND

Ainsi qu'une nourrice antique,
Dans un beau rêve traversé
De poésie et de musique,
La grande forêt m'a bercé.
André THEURIET

" Editions Spes "
17, Rue Soufflot, PARIS (Ve)
1929

Les Chants de la Forêt

André CHENAL

Les Chants de la Forêt

Forêt silencieuse, aimable solitude,
Que j'aime à parcourir votre ombrage éploré.
CHATEAUBRIAND

Ainsi qu'une nourrice antique,
Dans un beau rêve traversé
De poésie et de musique,
La grande forêt m'a bercé.
André THEURIET

" Editions Spes "
17, Rue Soufflot, PARIS (V^e^)
1929

A JEAN NESMY

Le « Poète » délicat
et fervent de la Forêt

En respectueux Hommage

A. CH.

LE CHANT DE LA FORÊT

Musique d'Emmanuel Pelletier

II

Dans le grand bois qui se recueille,
Nul souffle n'agite la feuille,
La lune, dans la paix du soir,
S'élève comme un ostensoir.
Parfois le cri de la chouette
Vient troubler la forêt muette :
Dans les halliers silencieux,
Montent des bruits mystérieux...

La nuit descend sur la prairie :
La Forêt prie !

III

Au fond de la forêt sauvage
Entendez-vous monter l'orage ?
Dans le bois qui semble dormir,
Tout a tremblé... tout a frémi !...
Aux sourds grondements du tonnerre,
L'oiseau déserte la clairière,

Et dans les fermes des hameaux,
Les bergers rentrent leurs troupeaux.

L'ouragan va faire sa ronde:
La Forêt gronde !

IV

Mais l'hiver a dépouillé l'arbre,
Les ruisseaux, partout, sont de marbre
Et le givre, au sapin géant,
Fait briller des larmes d'argent.
Homme qui t'en viens solitaire,
La hache au poing, que vas-tu faire ?
L'écho tressaille à tous tes coups,
Le vent sanglote dans les houx...

Bûcheron, rejoins ta demeure :
La Forêt pleure !

A TRAVERS BOIS

Musique de Jean FRAGEROLLE

II

Quand le soleil cuit les moissons,
Quand ses feux accablent la terre,
J'y cherche, loin de ses rayons,
L'ombre apaisante et le mystère...
Traquant le gibier aux abois,
Je fuis — dans les brouillards d'automne —
L'existence trop monotone...
A travers bois...

III

Quand le vent souffle comme un cor
Au sein des forêts toutes blanches,
Et dans un féerique décor,
Quand le givre étincelle aux branches,
Quand les arbres tremblent de froid,
Que tout meurt ou s'en va renaître,
Toujours, j'entrevois le grand Maître
A travers bois !

IV

Mais, à deux pas de la Forêt
Si douce à l'âme solitaire,
La laideur humaine apparaît
Avec les soucis de la Terre.
Ah ! puissé-je encor, bien des fois,
Poursuivre mon rêve et mes songes,
Loin du monde et de ses mensonges,
A travers bois !

CHANTE, BUCHERON !

Musique d'André CHENAL

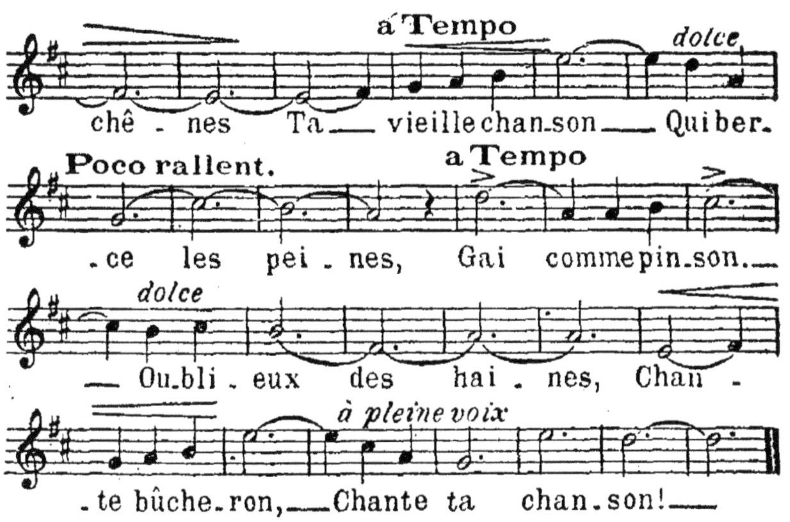

II

Voici que le fier sapin tombe
Frappé rudement de tes mains ;
Mais il faut que l'arbre succombe
Pour servir aux progrès humains.
Déjà les chênes centenaires
Gisent au travers des chemins,
Car il faut, pour nos morts, des bières
Et des berceaux pour nos gamins !
Au refrain

III

Loin des bruits de la foule humaine,
N'es-tu pas le roi des forêts ?...
Les bois sont ton vaste domaine,
Ta loge est un humble palais !...

On y vit sans propriétaire,
Sans terme à payer, sans ennui :
Comme le charbonnier, son frère,
Bûcheron est maître chez lui !
Au refrain

IV

Reprends ta vaillante cognée,
Frappe sans peur, à tour de bras,
Et, ta besogne terminée,
Ce soir tu te reposeras !...
Songeant aux forçats de la mine,
Aux esclaves de la Cité,
Laisse se gonfler ta poitrine
Au souffle de la Liberté.

Refrain

Chante, bûcheron,
Ami des grands chênes,
Ta vieille chanson
Qui berce les peines.
Gai comme pinson,
Oublieux des haines,
Chante, bûcheron,
Chante ta chanson.

LE GARDE

Musique de F. CHAVENON

II

Devant lui se déroule, immense,
Sa magique et chère forêt.
Le ramier dit une romance,
Le soleil, au loin, disparaît.
Ce jour de printemps qui s'achève
Met dans l'air un charme alangui,
La draine emporte un brin de gui...
Le garde rêve...

III

La soupe est chaude !... A table, vite !
Et sa femme « taille » le pain...
Un coup de feu, soudain, crépite,
Répété par l'écho lointain.
« Quelque braconnier en maraude ! »
Il prend sa canne et son képi,
Avec colère, avec dépit,
Le garde rôde...

IV

Mais, devant lui, sous la feuillée,
Voici deux femmes aux abois...
Pour se chauffer à la veillée,
En cachette, on coupait du bois...
Bien lui prit de faire sa ronde,
Il n'est pas « bredouille » ce soir !...
Sourcils froncés, terrible à voir,
Le garde gronde !

V

C'est un procès pour les deux femmes !...
Tant pis !... Il rentre à son logis.
De son foyer, les claires flammes
Ont réchauffé ses doigts rougis...
« Bah !... la fillette était jolie,
La mère... infirme !... Pauvres gens !... »
Le souper le rend indulgent :
Le garde... oublie !...

LA RONDE DES FEUILLES

Musique d'André Chenal

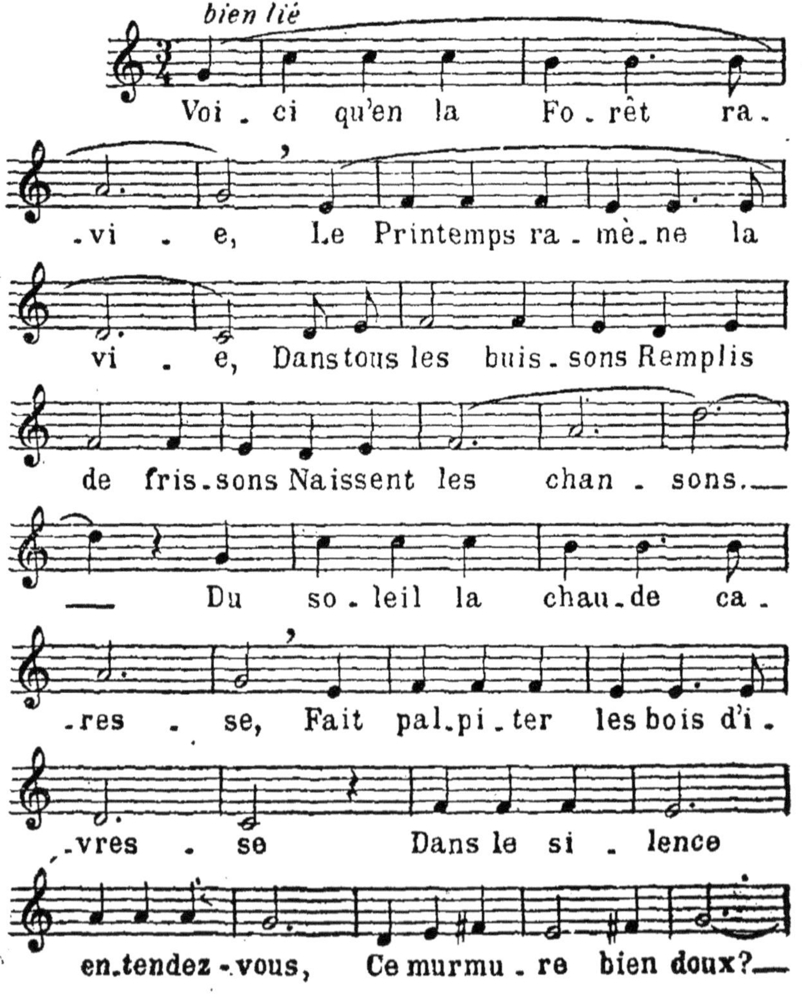

Refrain

C'est la chanson des feuilles vertes,
Des feuilles à peine entr'ouvertes

C'est comme un frôlement soyeux,
Bruit doux et joyeux.
C'est la chanson des feuilles vertes,
Des feuilles à peine entr'ouvertes
Qui murmurent matin et soir
La chanson d'espoir.

II

Dans le bois semé de pervenche
Où fleurit l'aubépine blanche,
Tous les nids d'oiseaux
Pendent aux rameaux
Comme des berceaux...
On dirait que, pour eux, la brise
Exhale une senteur exquise,
Pour eux aussi tout dans le bois
Semble prendre une voix :

Refrain

C'est la bonne chanson des feuilles
Qui dans la forêt les accueillent
Petits oiseaux et petits nids
De Dieu sont bénis.
C'est la bonne chanson des feuilles,
Qui dans la Forêt les accueillent
Fredonnant la nuit et le jour
La chanson d'amour.

III

Automne, la saison vermeille
Portant des fruits dans sa corbeille
Aux accents du cor,
Change le décor,

Et tout semble d'or !
La glèbe déserte et morose
Des labeurs d'été se repose.
Le passant écoute anxieux
Un bruit mystérieux :

Refrain

C'est la chanson des feuilles rousses
Qui tombent le soir dans la mousse,
C'est l'hymne triste et douloureux
Des derniers adieux.
C'est la chanson des feuilles rousses
Qui tombent le soir dans la mousse,
Disant sur un ton affaibli
La chanson d'oubli.

IV

La Nature est lasse de vivre,
Décembre, à la barbe de givre,
Sous les cieux couverts,
Dans les bois déserts,
Mène les Hivers.
A l'heure où sur la lande grise
Gémit et sanglote la bise...
Entendez-vous dans un frisson
Une étrange chanson :

Refrain

C'est la valse des feuilles mortes
Qui dansent l'hiver à nos portes,
Qui tourbillonnent dans la nuit
Avec un doux bruit.
C'est la valse des feuilles mortes
Qui dansent l'hiver à nos portes,
Qui murmurent quand tout s'endort
Le chant de la mort !

LA FÊTE DES OISEAUX

Musique de Francisque DARCIEUX

II

Dès l'aurore, c'est le merle
Qui donne un premier signal :
Une cascade de perles
Forme son chant matinal.
Puis on entend la fauvette,
Petit cœur plein d'idéal,
Composer une ariette
Qui rend un son de cristal.
Dans les bois, dans les roseaux,
C'est la fête des oiseaux.

III

Les ramiers, les tourterelles,
Disent ensemble, avec foi,
Le chant des amours fidèles
Qu'ils ont répété cent fois.
Jaune comme le cytise,
Sur son hautbois, le loriot
Chante la rouge cerise,
La douceur du bigarreau.
Dans les bois, etc.

IV

Voici l'alerte mésange
Qui, sur l'arbre, fait cent tours,
En célébrant la louange
De ses petits, ses amours.
Une voix limpide et grêle
Monte des sous-bois ombreux :
Petit roitelet si frêle,
C'est ton chant mélodieux.
Dans les bois, etc.

V

De son répertoire unique,
Le vif et joyeux pinson
A tous donne pour réplique
Son éternelle chanson...
Malgré leur charme et leur nombre,
Les chants, parfois semblent vains,
Quand le rossignol, dans l'ombre,
Jette son sanglot divin !
Dans les bois, etc.

VI

Dressant sa huppe cocasse,
Sans prendre part au concert,
Le geai ricane et jacasse
Avec l'étourdi pivert...
Le soir déroule ses franges
Et, dans l'aubépine en fleurs,
Le merle agacé se venge
En sifflant tous les chanteurs !
Dans les bois, etc.

FLEUR-DE-BRUYÈRE

Musique d'André Chenal

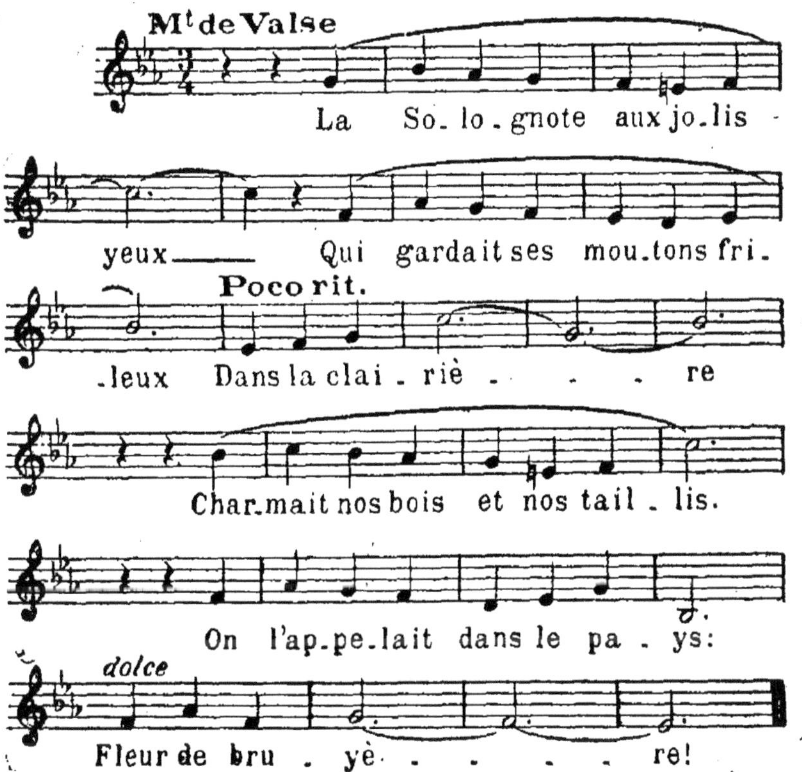

II

Quand elle allait par les chemins,
Répétant nos jolis refrains,
De sa voix claire.,

Les oiseaux, cessant de chanter,
Se penchaient pour mieux écouter
Fleur-de-Bruyère !...

III

Sa joue égalait en fraîcheur
La modeste et très douce fleur
Qui nous est chère
Et c'est pourquoi, naïvement,
Nous lui donnions ce nom charmant :
Fleur-de-Bruyère !...

IV

Mais voici qu'un très beau « monsieur »
Vint — chez nous — faire les doux yeux
A la bergère...
Et dans le trouble du bonheur
Elle donna gaîment son cœur
Fleur-de-Bruyère !...

V

Puis, ils s'en furent tous les deux
En quête de destins heureux
Ou de misère...
A la Ville, dans ses beaux jours,
On eût pu voir en grands atours
Fleur-de-Bruyère !...

VI

Mais, hélas, le Bonheur a fui!...
La pauvrette dort aujourd'hui
Au cimetière !...

Tu ne pouvais, ô pauvre enfant,
T'épanouir que dans ton champ,
Fleur-de-Bruyère !...

VII

Un petit pâtre qui l'aimait
Au fond de son cœur... en secret
Tout comme un frère...
Durant l'été, chaque matin,
Vient fleurir sa tombe de thym
Et de bruyère !...

LE DEUIL DU CHARBONNIER

Poème à dire

Sur les murs gris de la chaumière
Où le lierre pend tristement,
Comme un long voile funéraire
L'ombre de la nuit se répand.
Seul, le vieux chien, l'ami fidèle
Trouble le silence poignant,
Cherchant son maître qu'il appelle...
Et le vent passe en sanglotant
Par la vieille porte mal close...
Dans un coin sombre, en son cercueil,
Le corps du charbonnier repose
Et sa cabane est toute en deuil !

Sous le bois, sa meule s'écroule,
La fumée en sort à longs flots
Et, comme un crêpe, se déroule
Et s'enlace à tous les rameaux...
Le rouge-gorge, qui s'étonne
De l'absence du vieil ami,
A tu sa chanson monotone
Parmi le grand bois endormi ;
Le vent, pour orner sa demeure,
Jonche de fleurs le pauvre seuil...
Et la bruyère humide pleure :
La forêt, ce soir, est en deuil !

Là-bas, au clocher du village,
Lourdement s'envole le glas,

Tel l'oiseau du triste présage
Sinistre augure d'un trépas.
Or, tandis que la cloche sonne
Et fait au défunt ses adieux,
Nul ne s'inquiète et personne
Ne pleure la mort de ce gueux...
Mais tout le jour le ciel fut sombre
Pour participer à son deuil
Et la lune a glissé dans l'ombre
Un sourire sur son cercueil !

JOUR DE CHASSE

Musique d'André Chenal

II

Les chiens sont lâchés dans l'enceinte,
Un chevreuil se lève à leurs voix,
Frémissant, poussé par la crainte,
Il se jette à travers les bois.
Quel sera l'heureux camarade
Qui pourra lui donner la mort ?...
Chacun veille en son embuscade
Et tous les cœurs battent plus fort.

En chasse!
Les chiens ne perdent pas la trace, etc.

III

Sous nos pieds, une branche casse...
Un lièvre, en passant, apeuré,
Fait s'envoler une bécasse
Qui se cachait dans le fourré.

Le chevreuil, au loin, se fait battre...
Une chasseresse a tiré
Et, dans les « bourgeons », vient d'abattre
Un « coq » au plumage doré :

En chasse! etc.

IV

Qui n'a jamais goûté la chasse
Ne sait pas l'ivresse des bois,
Du grand air et du libre espace,
Ses surprises et ses émois.
Sous les cieux apaisés d'Automne,
L'air est plus clément et plus doux,
La nature, toujours si bonne,
Réserve ses beautés pour nous !

En chasse! etc.

V

Mais, comme ici-bas, toute fête
Doit se terminer, sans retour,
On s'assemble, et la part est faite
Pour chacun, au « tableau » du jour...
A la fatigue faisant trêve,
Lorsque se fermeront nos yeux,
Nous verrons, ce soir, en nos rêves,
Passer des gibiers fabuleux !

En chasse! etc.

LA BERCEUSE DES FORÊTS

Musique de Louis Azémar

II

Dans les chênes, dans les ormeaux,
De charmantes bercelonnettes,
Faites de mousse et de rameaux,
Se balancent, frêles, coquettes,
Tandis que brillent dans les cieux
Les étoiles d'or, ces veilleuses
Qui s'ouvrent ainsi que des yeux
Dans le sein des nuits radieuses.

Refrain

C'est la Berceuse des Forêts,
Des forêts profondes
Qui, loin des plaines, des guérets
Et des moissons blondes,
Chante en ses flûtes de roseaux,
Ses orgues immenses,
Pour endormir les oiseaux
La plus douce de ses romances.

III

Parfois, les filles et les gâs,
Dans le mystère du bois sombre,

S'en vont, en se parlant tout bas,
Émus par le silence et l'ombre.
Et, complice de leurs aveux,
La Forêt, où les biches brament,
Fait entendre un chant langoureux,
Un doux chant qui trouble leurs âmes.

Refrain

C'est la Berceuse des Forêts,
Des forêts profondes
Qui, loin des plaines, des guérets,
Et des moissons blondes,
Chante en ses flûtes de roseaux,
Ses orgues immenses,
Pour le cœur des jouvenceaux
La plus troublante des romances.

IV

Et les gueux qui n'ont pas de toit,
Tous ceux qu'a meurtris l'existence,
Y cherchent, grelottant de froid,
La fin de leur longue souffrance.
Ils viennent s'abattre en pleurant
Là, sur le cœur de la Nature,
Et la bonne Forêt les prend
Dans son grand linceul de verdure.

Refrain

C'est la Berceuse des Forêts,
Des forêts profondes
Qui, loin des plaines, des guérets
Et des moissons blondes
Chante en ses flûtes de roseaux,
Ses orgues immenses,
Pour bercer les chemineaux
La plus dolente des romances

L'ÉTANG DES BOIS

Musique de Francisque DARCIEUX

De ses ailes battant l'espace,
Un héron qui, lourdement, passe,
Va, sur l'eau, que ride un frisson,
Guetter l'approche d'un poisson,

Ou bien, chassé d'autres rivages,
C'est un vol de canards sauvages
Qui vient s'abattre en caquetant
Sur l'étang...

Quittant leur gîte de fougères
Cerfs et chevreuils, biches légères
Viennent boire, l'oreille au guet,
Lorsque l'ombre étreint la forêt...
Du soir les lueurs incertaines
S'attardent aux cimes des chênes
Et le crépuscule s'étend
Sur l'étang.

Et, dans l'ombre, ses eaux de moire
Évoquent la tragique histoire
— Déjà vieille de cinquante ans —
Que racontent nos paysans :
Du vieux Pâtre qui — pauvre hère ! —
Poussé par la faim, la misère,
Finit ses jours en se jetant
Dans l'étang !

Alors, c'est la nuit qui commence
Et voici le murmure immense
Des bois, des nocturnes oiseaux,
Les bonds furtifs dans les roseaux...
Et c'est l'hymne ardente à la vie
Que dit, en la forêt ravie,
Ce cœur étrange et palpitant
Qu'est l'étang !...

AU VENT QUI VENTE...

Musique d'André Chenal

« Les perdrix dans le guéret
Au grand vent qui vente,
Les perdrix dans le guéret
Viennent rappeler...

« Gare aux gros lièvres baugés
Au grand vent qui vente
Gare aux gros lièvres baugés
Au flanc des fossés.

« Dans le grand bois des Cormiers
Au grand vent qui vente,
Dans le grand bois des Cormiers
Gîtent les ramiers.

« J'ai mon fusil, mes collets,
Au grand vent qui vente ;
J'ai mon fusil, mes collets,
Ah ! les beaux jouets !

« Le garde sera rusé,
Au grand vent qui vente,
Le garde sera rusé
S'il peut m'y pincer !

« Mais, à minuit, par le gué,
Au grand vent qui vente,
Mais, à minuit, par le gué,
Je m'en reviendrai.

« La gente fille au meunier,
Au grand vent qui vente,
La gente fille au meunier
Viendra m'y trouver.

« Point n'est besoin de collet
Au grand vent qui vente,
Point n'est besoin de collet
Pour si doux gibier !...

— Va donc, heureux braconnier,
Au grand vent qui vente,
Va donc, heureux braconnier,
La bise a soufflé !... »

POMME DE PIN

Musique de Jean Fragerolle

II

Bûcheron, dès sa prime enfance,
Il connaît toute la Forêt :
Les fourrés, les layons — d'avance —
Pour lui, n'ont plus aucun secret.
Il cherche les coins solitaires,
Il en ressent tous les frissons.
Il en comprend tous les mystères.
Il en sait toutes les chansons.
Gai, la rirette,
Ma Turlurette

Sous les chênes, sous les sapins,
Qu'il vit heureux « Pomme de Pin ».

III

Sans souci des rondes du garde
Qui ne sauraient le déranger,
Bien souvent, le soir, il s'attarde
Dans le bois — son garde-manger ! —
Il y place quelques « cravates »
Et, dès l'aube, il y trouve pris
Un lièvre jaune aux longues pattes,
Un lapin au pelage gris.
Gai, larirette,
Ma Turlurette.
Pour étrangler lièvre ou lapin,
Il s'y connaît « Pomme de Pin ! »

IV

Alors, chez la garde-barrière,
Non loin, du bois, sur son chemin,
— Une aimable veuve de guerre —
Il va déposer son butin.
C'est « Pomme d'Api » qu'on la nomme
Pour ses joues, couleur de carmin...
Et j'ai dit que le petit homme
Est un braconnier très malin.
Gai, larirette,
Ma turlurette,
« Pomme d'Api, quelque matin,
Epousera « Pomme de Pin ».

LE CHÊNE

Poème

Te souviens-tu, dis-moi, Suzon,
Dans le bois où tout est frisson,
Dans le bois où tout est murmure,
Du chêne qui, sous sa ramure,
Nous abrita, souvent, tous deux ?

Indulgent — comme sont les vieux —
Il se penchait, pour mieux entendre
Nos mots d'amour, nos mots si tendres
Et nos baisers dont le doux bruit
Fait que l'oiseau jaloux s'enfuit...

Oh ! le sombre destin des choses !...
Tout passe !... les arbres, les roses
Et la jeunesse, ivre d'espoir...

Peut-être, par un triste soir,
Son bois qui défiait l'orage,
Son bois tout chargé de feuillage,
Son bois dont les nombreux rameaux
Retentissaient de chants d'oiseaux,
Chantant une chanson nouvelle :
Le joyeux chant des étincelles,
Dans l'âtre, quand nous serons vieux,
Chauffera nos membres frileux...

Et nous qui, dans la forêt sombre,
Courions bien vite à sa bonne ombre,
Tout voûtés et nous parlant bas,
Nous ne le reconnaîtrons pas ! !

CLAIR DE LUNE EN FORÊT

Musique de F. CHAVENON

Dans le bois, sur notre passage,
J'entends un bruit :
Une bête, sous le feuillage,
Glisse et s'enfuit.
Au lointain — serait-ce un présage ? —
— Voix qui gémit —
Monte un cri lugubre et sauvage
D'oiseau de nuit.
Ah! l'heureuse fortune! etc.

La Terre, vers les cieux s'épanche,
Et, lentement,
La lune joue entre les branches,
En souriant.
Errante et douce Dame-Blanche
Aux Bois-dormants
Son visage étonné se penche
Sur les amants...
Ah! l'heureuse fortune! etc.

Les senteurs nocturnes embaument
Les chemins creux,

Partout s'exhalent des arômes
Délicieux ;
Les bois, la nuit, sont le Royaume
Des contes bleus
Où l'on voit passer des fantômes
Mystérieux...
Ah! l'heureuse fortune! etc.

Grande Forêt, Forêt si belle
Sous ces lueurs,
Vieille Forêt, sœur de Cybèle,
Mère des fleurs,
Si l'existence est trop cruelle,
Verse en nos cœurs
Et ta tendresse maternelle
Et ta douceur.
Ah! l'heureuse fortune! etc.

LE RUISSEAU QUI COURT

Musique de Francisque Darcieux

Pourtant, ici, toute l'accueille,
Tout lui dit : Reste avec nous !
La caresse de la feuille,
Le murmure des cailloux,

La charmante « demoiselle »
Aux reflets de diamant
Qui, sans cesse, de son aile,
Vient l'effleurer en passant.

Ses amis : les pins, les chênes,
Les bouleaux et le houx noir,
Les peupliers et les frênes
Prennent ses eaux pour miroir
Et les oiseaux, à la ronde,
Sortent de tous les buissons,
Pour s'abreuver à son onde
Et le payer en chansons !

Les fauves du voisinage,
Le chevreuil et le dix-cors,
Pour y prendre leur breuvage
Se reposent sur ses bords.
Le martin-pêcheur qui rôde
Sur ses eaux, soir et matin,
Est la vivante émeraude
Qui le choisit pour écrin !

Le roseau tremble et s'agite
En le voyant s'en aller,
Mais le ruisseau, vite, vite,
Passe... comme un étranger !
Et la ronce qui se penche
Sous le souffle du zéphyr
Tend vers lui sa longue branche,
Sans pouvoir le retenir...

Rien n'arrête ce volage :
Adieu bêtes et taillis !
Il lui faut d'autres rivages,
Il lui faut d'autres pays !

Et son eau fraîche, limpide,
En précipitant son cours,
S'enfuit — toujours plus rapide —
S'enfuit... comme les beaux jours !

Ici-bas la vie humaine
Ressemble à tous les ruisseaux :
Un même destin nous mène
Vers des horizons nouveaux...
Tout fête notre jeunesse
Et, pourtant, le jour venu,
Nous partons, avec ivresse,
Nous partons... vers l'Inconnu !

FEUILLES MORTES

Musique d'Henry Eymieu

Le vent d'automne pleure à travers les buissons,
Tous les arbres du bois, secoués de frissons,
Perdent leur manteau que la bise emporte...
Tombez sous nos pas, pauvres feuilles mortes !

Comme la faible feuille au grand vent des hivers,
Combien s'en sont allés de nos êtres si chers,
Combien — pour jamais — ont franchi nos portes
Tombez sous nos pas, pauvres feuilles mortes !

Où sont nos jeunes ans, nos fragiles bonheurs ?
Ils sont où vont la feuille et les plus douces fleurs,
C'est leur souvenir qui nous réconforte...
Tombez sur nos cœurs, pauvres feuilles mortes !

Que de brillants espoirs, que de beaux rêves d'or
Nés au printemps de l'âge et fauchés par le sort
Se sont envolés — lugubres cohortes —
Adieu pour toujours... pauvres feuilles mortes !

La partition musicale du compositeur Henry Eymieu est trop importante pour être publiée ici. Le chant noté ne peut être séparé de l'accompagnement. On trouvera la mélodie complète dans *Nos Chansons Françaises* (Octobre 1927).

PRIÈRE DANS LES BOIS

Musique de René Leteurtre

Les chênes, les bouleaux décrivent des arceaux
Que ne peut imiter aucune architecture.
Et le soleil se joue en d'étranges vitraux
Où resplendissent l'or, la pourpre et la verdure.

Le Dieu de l'Univers habite la Forêt,
Tout révèle à nos cœurs sa divine présence,
Dès la pointe du jour quand l'Aurore apparaît
Et quand la Nuit descend dans l'ombre et le [silence.

Je lui dis : O mon Dieu, Roi de l'Immensité,
Je ne suis, devant toi, qu'une humble créature,
J'adore ta Grandeur, ta Gloire et ta Beauté.
J'admire tes bienfaits que chante la Nature.

Accorde-moi, Seigneur, la force et la santé
Qui font vivre tous ceux qu'abrite ma demeure.

Conserve-moi toujours l'amour et la bonté
Pour secourir le gueux qui trébuche et qui pleure.

Contre tous les fléaux, protège les Humains,
Toi qui sais préserver le chêne des orages,
Garde-nous du souci cruel des lendemains,
Toi qui nourris l'oiseau dans les forêts sauvages.

Quand je veux prier Dieu, je m'en vais dans les [bois,
Où je me crois perdu dans une immense église...
Je m'en reviens meilleur et plus fort à la fois,
A l'heure où, sur les champs, le soleil agonise !

LA BERGÈRE AUX LOUPS

Musique de Jean FRAGEROLLE

Souvent, dans les nuits sombres,
On voyait autrefois,
Errer d'étranges ombres
A travers les grands bois,
Une vieille au front chauve
Guidait à leur repas
Des loups, terribles fauves,
Qui hurlaient sur ses pas.

Au long des grands chemins, le bûcheron trem-[blant
Regagnant sa maison disait en se signant :
Grand Dieu ! C'est la Sorcière
De la Grotte aux hiboux,
C'est la vieille Bergère
La Bergère aux Loups.

Dans tout le voisinage,
Au fond de tous les bois,
Les loups, les loups sauvages
Accouraient à sa voix.
Elle avait pour prière
Leurs abois furieux,
Pour unique lumière
La flamme de leurs yeux !

A travers le canton, du plus hardi chasseur
Comme des petits gâs, elle était la terreur.
Car c'était la Sorcière
De la Grotte aux hiboux
La terrible Bergère,
La Bergère aux Loups.

Comme une pastourelle
Qui garde ses moutons,
Elle avait autour d'elle
Les grands fauves gloutons ;
Et quand un pauvre hère
S'égarait dans la nuit,
La vieille, avec colère,
Jetait ses loups... sur lui !

En entendant au loin des hurlements, des cris,
Les humbles paysans, au fond de leurs taudis
Disaient : c'est la Sorcière
De la Grotte aux hiboux,
C'est l'horrible Bergère
La Bergère aux Loups.

Combien, au clair de lune,
De passants inconnus,
De gueux cherchant fortune,
Ne sont pas revenus...
Mais un jour, cette femme
Est morte, loin de tous,
Et son cadavre infâme
Fut mangé par les loups !

Dans un trou, sous le bois, on a jeté ses os
Sur l'arbre qui le couvre on a gravé ces mots :
Ici-gît la Sorcière
De la Grotte aux hiboux.,
La terrible Bergère,
La Bergère aux Loups.

LA RONDE EN FORÊT

Musique de Francisque Darcieux

II

A l'ombre des charmilles,
Fauvettes et pinsons
A l'envi, s'égosillent,
Pour chanter leurs chansons :
C'est un concert unique
Que celui des oiseaux ;
Les cités magnifiques
N'en ont pas de plus beaux !

Refrain.

III

Les abeilles sauvages
Qui s'en vont, bourdonnant,
Vite font leur ouvrage
Et butinent gaîment.
Cherchons, au creux d'un hêtre,
Le miel aux reflets d'or...
Pour un goûter champêtre,
C'est vraiment un trésor !

Refrain.

IV

Notre fatigue est douce !
Allons, gais compagnons,
Sous la feuille et la mousse
Chercher les champignons :
Oronges, coulemelles,
Cèpes au chapeau noir,
Et blondes chanterelles
Qu'on mangera ce soir.

Refrain.

V

A l'abri d'un gros chêne,
Nous nous reposerons ;
Penchés sur la fontaine,
L'eau claire nous boirons...
L'onde fraîche et limpide
Qui coule en la forêt
Vaut mieux que tout liquide
Qu'on boit au cabaret !

Refrain.

VI

Puis, reprenons la route
Qui ramène au pays,
Tous, nous ferons, sans doute,
Des rêves cette nuit...
Le vent nous accompagne,
Chantons à pleine voix :
Vive notre campagne
Et vivent les grands bois !

Refrain.

LES SANGLIERS

Poème

Grognant et roulant dans la plaine,
Voici venir les sangliers :
Ils accourent à perdre haleine,
Ils bondissent sous les halliers,
Et devant ces brutes sauvages,
Tout tremble et s'enfuit dans le bois,
On entend craquer les branchages
Et les oiseaux restent sans voix...

Ils ont, pendant la nuit entière,
A l'entour, dévasté les champs :
Les blés et les pommes de terre,
Tout le labeur des paysans !
Dans les fermes, dans les chaumières,
Ce matin, chacun les maudit
Et les riverains — pauvres hères ! —
Jurent la mort de ces bandits.

* * *

Un matin, c'est la Grande Chasse.
La meute arrive au petit jour ;
Les limiers ont flairé la trace
Car la bête gîte alentour.
Soudain, dans sa bauge, le fauve
Grogne et s'arrache avec fracas,
Parmi les fourrés il se sauve,
Le « vautrait » s'attache à ses pas.

Il a passé dans la clairière,
Il descend au creux des vallons,
Il saute fossés et rivière :
Sonnez, piqueurs, à pleins poumons !
Voici qu'il traverse les terres
Et gagne, à nouveau, la forêt,
La meute hurle à ses derrières
En bondissant dans le guéret...

Parfois, près d'un chêne, il tient tête
Et tout chien qui — vite accouru —
A vouloir le « coiffer » s'entête,
De son boutoir est « décousu » !
Il repart, en traînant la patte,
Le soleil baisse au ciel pâli,
Les veneurs accourent en hâte,
Les piqueurs sonnent « l'hallali ».

Harassé, l'animal succombe,
Un chasseur le « sert » au couteau
Et, lourdement, la bête tombe
Rouge de sang, près d'un ruisseau...
La meute s'arrête, altérée,
Le soleil a rougi les cieux,
Les piqueurs, après la « curée »
Sonnent, maintenant, les « adieux ».

Le cor, de sa note émouvante,
Annonce aux grands bois en repos
Qu'est mort le semeur d'épouvante:
Les bois le clament aux échos.
Tous les bûcherons qui cheminent
Au passage, le rediront
Et ce soir, aux fermes voisines,
Les paysans se réjouiront.

*
* *

Mais ce sont des bêtes, en somme,
Ces fauves fiers et courageux.
Or, il est, aujourd'hui, des hommes
Plus sournois et plus dangereux.
De ces gens la horde maudite
Menace vos champs, vos foyers,
Paysans, vos fourches, bien vite !
Voici venir... les sangliers ! !

LA FONTAINE AUX EAUX BLEUES

(Vieille Légende)

Musique de Francisque DARCIEUX

Il disait sa tendresse,
Il vantait sa beauté
En lui chantant l'ivresse
Et la félicité

Que peut donner à l'âme
Le doux plaisir d'amour
Et — trop naïve femme —
Elle écoutait toujours...

Auprès de la fontaine
Où boivent les chevreaux,
Où se mire le chêne
Dans le cristal des eaux.

Mais bientôt, le perfide
La saisit par la main
Et — sur sa lèvre humide —
Mit un baiser soudain :

Alors, sous le feuillage,
On entendit un bruit
Comme un lointain orage...
Et le page s'enfuit.

Auprès de la fontaine
Où boivent les chevreaux,
Où se mire le chêne
Dans le cristal des eaux.

Aussitôt, fou de rage,
De sa loge accouru,
Frémissant sous l'outrage,
Le bûcheron parut....

Lors, sur elle il se jette
En hurlant de fureur...
Il tua la pauvrette.
Il arracha son cœur...

Auprès de la fontaine,
Transformé, sur-le-champ,
Le cœur de Madeleine
Est un roc tout sanglant !...

Dans sa rage inhumaine,
Il arracha ses yeux,
Jeta dans la fontaine
Ces deux diamants bleus...

Les beaux yeux de la blonde
Couleur des frais bleuets
Ont — depuis lors — dans l'onde
Laissé leurs bleus reflets...

Au sein de la fontaine
Où boivent les chevreaux,
Où se mire le chêne
Dans le cristal des eaux.

A l'heure où la nuit sombre
Imprègne tout d'horreur,
Le bûcheron, dans l'ombre,
Vient crier sa douleur...

Filles blondes, ou brunes,
Aux yeux brillants d'espoir,
Par une nuit sans lune,
N'allez jamais, le soir,

Auprès de la fontaine
Où boivent les chevreaux,
Où se mire le chêne
Dans le cristal des eaux.

JEANNOT - LAPIN

Musique d'André CHENAL

Jeannot-Lapin qui s'est blotti
Dans son terrier, se fait petit.
Il nargue au fond de son repaire
Le chasseur, le chien son compère.

Qui font pour lui, sinistre paire !...
Jeannot-Lapin qui s'est blotti
Dans son terrier, se fait petit...

Jeannot-Lapin, trop tôt sorti
Du gîte sûr... est reparti,
Est reparti, par la clairière,
Sauter gaîment dans la bruyère
Dont le grise l'odeur légère ;
Jeannot Lapin, trop tôt sorti...
Un coup de feu, vite, est parti...

Un coup de feu, vite, est parti,
Et Jeannot roule... anéanti.
Plus ne viendra, la nuit entière,
Tourner en rond, sous la fougère,
Aux bons yeux de la lune claire !...
Il gît, sanglant, anéanti,
Pauvre Jeannot, vif et gentil !

CAMPEMENT FORESTIER

Poème à dire

Un coq a chanté dans le bois,
Une ferme est-elle prochaine ?...
Tout près, on entend les abois
D'un chien qui tire sur sa chaîne...
Des rires et des joyeux cris
S'élèvent parmi la ramure
Et voici, sortant du taillis,
Des gosses barbouillés de mûres !...

C'est la maison du charbonnier,
C'est sa roulotte et sa chaumière
Qui — dans l'ombre d'un châtaignier —
Se dressent là, dans la clairière.
Un toit de mousse et de gazon,
Des murs de terre et de branchage,
C'est son palais d'une saison,
Tant que va durer son ouvrage.

Les poules prennent leurs ébats,
La chèvre broute la fougère
Et, tout en reprisant ses bas,
Sur elles veille la grand'mère...
Et l'on voit, sur de longs cordeaux,
Tendus — dès que le soleil brille —
Flotter, ainsi que des drapeaux,
Tout le linge de la famille.

A terre, un bon feu, clair et doux,
Fait mijoter dans la marmite

La bonne vieille soupe aux choux
Dont l'âcre fumet vous invite...
Le menu n'est pas réputé :
Du pain bis et peu de pitance !
Mais le grand air et la gaîté
Font du souper... une bombance !...

Les étoiles pointent aux cieux,
Dans l'air, un parfum léger flotte...
Les bambins vont fermer leurs yeux,
Couchés dans la pauvre roulotte.
Et la fille du charbonnier,
Belle et droite comme un arbuste,
Vient attendre sur le sentier
Son promis... un « bûcheux » robuste...

Et tous les deux se marieront
Un beau matin, la chose est claire !
Et puis, mariés, ils feront
Comme, avant eux, firent leurs pères :
C'est leur tâche qu'ils reprendront
Humble, rude, mais libre, heureuse,
De charbonniers, de bûcherons,
Dans la Forêt ensorceleuse ! !

LE ROSSIGNOL CHANTE

Musique d'André Chenal

II

Le soir descend... la lune brille,
Les fleurs exhalent leurs parfums
Et je suis là, sous la charmille,
Songeant à mes rêves défunts !
Une voix exquise et touchante
S'élève au milieu des taillis ;
Un cri d'espérance a jailli :
Le Rossignol chante !

III

C'est le plus merveilleux Poète
Que l'homme ait jamais écouté !
Son chant traduit son âme en fête
Ou son angoisse ou sa gaîté,
L'amour sublime qui le hante
Et le tient sans cesse éveillé ;
Et l'on écoute, émerveillé :
Le Rossignol chante !

IV

A son doux chant, source de vie,
Tout semble plus clair et plus beau,
La nature se tait, ravie.
Devant ce tout petit oiseau !
Sa voix nous émeut, nous enchante,
Sa voix de cristal et de feu...
Et l'âme monte jusqu'à Dieu...
Le Rossignol chante !

V

La nuit règne... et j'écoute encore
Ce chant troublant et si joli,
Et, bientôt peut-être, l'aurore
Sur l'horizon aura pâli !...
On dit que la vie est méchante ;
Qu'importent ses maux, ses douleurs,
Ses tristesses et ses laideurs !...
Le Rossignol chante !

L'HOMME ET LA FORÊT

Musique de Francisque Darcieux

Forêt, tu nous maudis quand nous venons
[t'abattre,
Mais partout, les humains nous réclament ton
[bois
Il en faut, au foyer, pour pétiller dans l'âtre,
Les grands et les petits s'y chauffent à la fois.

Le charpentier le prend pour bâtir nos demeures,
Il en faut au charron pour les outils des champs,
C'est le dernier habit du défunt que l'on pleure,
La barque du pêcheur qui brave l'Océan.

Forêt, tu nous maudis quand tu nous vois
[paraître,
Mais il nous faut des lits, des meubles, des
[tonneaux.
N'es-tu pas, après tout, la vieille et noble Ancêtre
A qui l'homme eut recours contre tous les fléaux?

N'est-ce pas toi qui fus le berceau de sa Race?
Toi qui le protégeas contre ses ennemis ?
Et, de nos jours encor, dans la vie où tout passe,
C'est toi qui le défends, le chauffes, le nourris !

Ah ! gloire à toi, Forêt, toi l'aïeule si bonne !
L'Homme, pour te louer, enfle sa pauvre voix,
Si nous te mutilons, sans cesse tu pardonnes,
Et, pour que nous vivions, tu nous refais du bois !

NOËL CHEZ LES BUCHERONS

Musique d'André Chenal

II

Quand vous entrerez dans la vieille étable,
C'est un Charpentier qui vous ouvrira...
Le bon Saint Joseph — humble et vénérable —
En vrais compagnons, vous accueillera !
Et l'Enfant couché sur la paille blonde,
Lui qui doit, un jour, mourir sur la Croix,
Attend — en songeant au Salut du monde —
Tous les bûcherons — travailleurs du bois —
Noël, c'est Noël, etc.

III

Offrez à Jésus vos humbles hommages
Et dans vos carniers, portez jusqu'à Lui,
Les faînes des bois, les nèfles sauvages,
Le corail du houx, les perles du gui,

Ou le fruit caché de quelque maraude
Que pardonnera notre Enfantelet :
Bécasse aux grands yeux, grives encor chaudes,
Lièvres ou lapins pris dans vos collets.
Noël, c'est Noël, etc.

IV

Allons, bûcherons, quittez vos repaires,
Prenez vos bâtons et vos gros souliers,
Et si vous passez près de leurs clairières,
Entraînez aussi tous les charbonniers.
Les grands d'aujourd'hui ne sont plus des sages,
Devant la Lumière, ils ferment les yeux ;
Ils n'ont plus la Foi qui poussait les Mages,
Le Dieu des Petits ne vient pas pour eux :

Noël, c'est Noël !
L'étoile scintille au Ciel
Au loin la cloche résonne,
Toute la Forêt frissonne...
Et les grands bois fêteront
Le Noël des bûcherons !

TABLE DES MATIÈRES

Pages

*Les titres précédés d'un * sont édités séparément avec accompagnement de piano.*

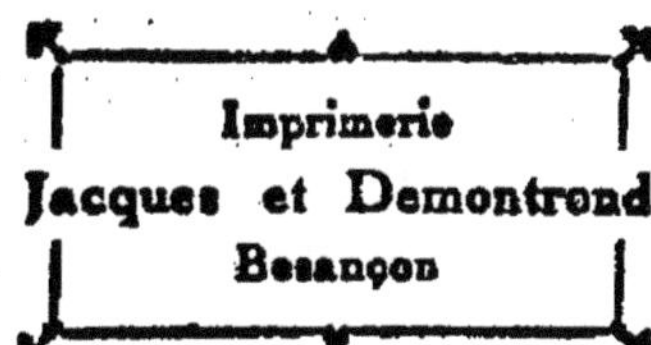
Imprimerie
Jacques et Demontrond
Besançon

www.ingramcontent.com/pod-product-compliance
Ingram Content Group UK Ltd.
Pitfield, Milton Keynes, MK11 3LW, UK
UKHW020317220726
13923UKWH00003B/1211